Lb 56 201

NI PAIX NI SÉCURITÉ

POUR L'EUROPE

AVEC LA RUSSIE

TELLE QU'ELLE EST

PARIS.—IMPRIMÉ CHEZ BONAVENTURE ET DUCESSOIS
55, QUAI DES AUGUSTINS.

NI PAIX NI SÉCURITÉ

POUR L'EUROPE

AVEC LA RUSSIE

TELLE QU'ELLE EST

PAR A. W......

———•—>⊰❀⊱<—•———

PARIS

E. DENTU, LIBRAIRE-ÉDITEUR

PALAIS-ROYAL, GALERIE D'ORLÉANS

1855
1854

NI PAIX NI SÉCURITÉ

POUR L'EUROPE

AVEC LA RUSSIE

TELLE QU'ELLE EST

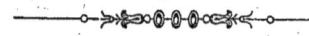

Les correspondances de Varsovie nous apprennent que l'empereur Nicolas se fait de jour en jour plus gracieux et plus caressant pour les Polonais. On prétend qu'il s'agit de la reconstitution d'une Pologne par la Russie, et d'institutions nationales qui doivent donner satisfaction même aux Polonais les plus récalcitrants de l'émigration.

Nous ignorons ce qu'il peut y avoir de vrai au fond des bruits qui circulent, mais nous croyons que dans les circonstances actuelles, la Russie usera de tous les moyens en son pouvoir pour se faire des partisans en Pologne. Promesses et faveurs, rien ne sera épargné, nous en sommes persuadé. Les ruses du cabinet de Saint-

Pétersbourg sont connues. Mais la Pologne s'y laissera-t-elle prendre après tout ce que lui a fait subir la Russie? Un fleuve de sang ne la sépare-t-elle pas d'un ennemi acharné, implacable? Peut-elle oublier les milliers de ses enfants traînés en Sibérie ou dispersés sur tous les points du globe, qui vivent depuis un quart de siècle dans les misères de la proscription et de l'exil? Peut-elle oublier que la Russie ne lui a épargné, jusqu'à présent, aucune espèce d'humiliation ni de calamités? Pendant de longues années l'échafaud y fut en permanence, la confiscation des fortunes à l'ordre du jour, les persécutions des catholiques ne s'arrêtèrent même pas devant la profanation des églises et la violation des tombeaux! Ajoutez-y la délation et la terreur érigées en principe, comme moyens de gouvernement, et vous aurez une idée des souffrances de tout un peuple de quatorze millions d'âmes! Croit-on, après cela, qu'une grande et généreuse nation qui a vécu pendant des siècles comme puissance indépendante, qui a son histoire, sa langue, sa religion, ses traditions, en un mot une nationalité vivace, se laissera éblouir par de fausses espérances? Nous ne le pensons pas.

La Pologne a mieux que cela à faire. Elle a beau jeu dans ce moment. Qu'elle demeure calme, prudente et tranquille pour profiter des événements.

Dans les graves circonstances où se trouve l'Europe, il est probable que les puissances occidentales seront forcées d'entamer la question polonaise. Jusqu'à présent, elles ont évité soigneusement de prononcer le nom même de la Pologne. On dirait que tous les gouvernements, ministres, diplomates et généraux, se sont donné le mot pour cela, afin de ne pas enchevêtrer davantage les complications d'Orient. Et cependant, cette question qui semble hérissée de difficultés de toute sorte s'impose, par son importance, à l'attention de tous les hommes intelligents et sérieux. Elle est au fond de toutes les pensées; épée de Damoclès pour les uns; garantie de paix et de sécurité pour les autres.

Moralement, c'est une cause juste, loyale et digne de la sympathie de tous les peuples; mais comme de notre temps on n'admet pas de politique sentimentale, il importe d'examiner le côté positif.

La restauration de la Pologne n'est point une œuvre aussi difficile qu'on le suppose généralement; elle devient une nécessité absolue de l'époque; elle est dans l'intérêt de toutes les nations civilisées de l'Europe. La réparation d'une grande injustice doit se faire par l'Europe elle-même, et l'initiative de cette généreuse pensée appartient à la France et à l'Angleterre. L'Europe n'aura jamais de sécurité possible, vis-à-vis de l'ambition envahissante de la Russie, sans la restauration d'une Pologne grande, forte et indépendante. Autrement, si par malheur la Pologne venait à s'identifier à la Russie, comme par exemple l'Écosse s'est unie à l'Angleterre, l'Europe serait, dans un temps peu éloigné, à la merci de l'ambition moscovite, et l'Allemagne deviendrait la première victime.

Nous ne tombons ici dans aucune exagération, et nous sommes tellement convaincu de ce danger, que le sentiment de notre faiblesse ne nous fait pas reculer devant l'expression publique de notre pensée.

L'Europe apprécie aujourd'hui à sa juste valeur l'importance que le partage de la Pologne fit acquérir à la Russie, et le marché de dupe que consentirent l'Autriche et la Prusse, en signant un acte de spoliation. Ces deux puissances se laissèrent éblouir par l'appât de quelques provinces dont la population s'élève à peine aujourd'hui à sept millions; mais la Russie se fit la part du lion, elle incorpora dans son empire *quatorze millions* de Polonais. Ces acquisitions violentes n'accrurent point les forces de l'Autriche ni celles de la Prusse, loin de là; en soulevant contre ces deux puissances une animadversion morale du monde, cet attentat devint pour elles une cause de faiblesse et de dépendance vis-à-vis de la Russie; de la complicité du crime naquit la triple alliance dont la Russie seule recueillit habilement les fruits et les bénéfices.

L'Europe, tout en protestant contre le partage de la Pologne, ne fit aucun effort pour empêcher cette grande iniquité. Elle expie en ce moment cette immense faute.

La réunion des deux tiers de la Pologne à l'empire moscovite fut le premier échelon de sa grandeur colossale, et lui imprima le caractère agressif qu'il a conservé depuis. D'asiatique qu'elle était, la Russie devint alors seulement puissance européenne. Ses forces et son influence en Europe firent des progrès immenses, qui grandirent en même temps son audace et son ambition au point de menacer l'indépendance des nations civilisées.

Maîtresse absolue de la Pologne, n'ayant plus rien à désirer pour le moment du côté de l'Occident, la Russie tourna un regard de convoitise vers la Finlande, dont elle déposséda la Suède. L'Europe assista encore impassible à cette conquête.

Enhardie par ce succès, la Russie enleva à la Perse et à la Turquie leurs plus belles provinces limitrophes. Usant d'habileté en même temps que de force, elle enlaça si bien l'empire ottoman dans un dédale d'intrigues et de sourdes menées, que l'Europe s'habituait déjà à la pensée de le voir tomber bientôt au pouvoir du czar.

Si l'empereur Nicolas eût choisi un moment plus favorable pour attaquer l'empire ottoman, s'il eût mieux combiné et préparé ses moyens d'agression, ou s'il avait eu seulement la patience d'attendre quelques années pour laisser se développer tranquillement les fruits de sa politique dissolvante ; la Turquie s'écroulait naturellement, et nulle puissance humaine n'aurait empêché l'autocrate de régner à Constantinople. Heureusement, il eut le vertige. Se croyant assez fort pour attaquer une puissance réduite aux abois, qu'il considérait déjà comme une proie facile; comptant d'ailleurs sur la faiblesse de l'Europe et sur la rivalité de la France et de l'Angleterre, il précipita la crise orientale.

La guerre actuelle des puissances occidentales contre la Russie n'a pas d'autre origine. Tout l'avenir du monde dépend de cette lutte. Si la Russie triomphait, sa domination n'aurait plus de bornes, et toute l'Europe subirait sa loi; mais il ne suffit pas de la vaincre aujourd'hui; la France et l'Angleterre alliées doivent la réduire à l'impuissance de renouveler une pareille entreprise.

Jusqu'ici, les alliés n'ont employé que des moyens insuffisants pour ramener l'empereur Nicolas à des idées de sagesse et de modération. Le résultat de la première campagne, tant sur la Baltique que dans la mer Noire, n'a pas été assez éclatant pour l'intimider.

Au moment où nous traçons ces lignes, Sébastopol n'est pas encore pris; il tombera, nous n'en doutons pas, devant la vigueur de l'attaque et devant la bravoure des troupes anglo-françaises. Serons-nous plus avancés quand il sera en notre pouvoir, que nous ne le fûmes après la prise de Bomarsund? Le czar demandera-t-il la paix? Ceux qui l'espèrent sont dans une grande erreur. Une conciliation n'est plus possible; l'empereur Nicolas la voudrait-il lui-même, il n'oserait affronter cette humiliation pour sa couronne et pour ses armées! Ses moyens, d'ailleurs, ne sont pas épuisés. Malgré toutes les défaites de ses troupes sur le Danube et en Crimée, il a pour faire la guerre plus de facilités que ses adversaires.

Tandis que les puissances la font au loin avec des expéditions ruineuses, la Russie la fait chez elle; elle ne s'épuise pas de numéraire, car elle n'en a pas, et solde ses armées avec du papier dont le cours est forcé. La France et l'Angleterre font le plus grand cas de la vie du dernier soldat qui meurt dans un hôpital ou qui succombe sur un champ de bataille; la Russie a une pépinière de jeunes recrues qu'elle envoie à la guerre comme à une boucherie. Qu'importe le chiffre des victimes! les hommes valides ne manqueront pas dans son empire. En France et en Angleterre, comme dans tout autre pays civilisé, la guerre ruine le commerce, paralyse les transactions, jette de l'inquiétude dans les esprits; en Russie, la civilisation est superficielle, le commerce et l'industrie souffrent peu, car ils sont à peu près nuls. Tant pis pour le petit nombre de négociants qui ont souffert; ils prendront leur mal en patience, et la Russie est assez riche en produits agricoles pour nourrir ses soldats sans redouter la famine et pour se passer de l'étranger.

Ce léger aperçu des ressources de la Russie montre

qu'une conciliation est plus éloignée que jamais. C'est une singulière puissance que la sienne; la raison de sa force contre l'Europe se trouve dans la barbarie où elle est encore plongée!

D'autres considérations empêcheront la Russie de se démoraliser, et lui feront espérer de retrouver dans la prolongation de la guerre des chances avantageuses.

Ne pouvant plus compter sur l'Autriche, dont les intérêts lui sont directement opposés et qui s'est déjà trop compromise vis-à-vis d'elle malgré toutes ses hésitations, la Russie a encore foi dans les tendances de la Prusse et de la plupart des États secondaires de l'Allemagne. Si l'opinion publique des masses lui est hautement défavorable, les cabinets et les gouvernements ont de la peine à dissimuler leurs sympathies secrètes en sa faveur. Liée par des rapports de parenté avec les familles souveraines de l'Allemagne, la cour de Saint-Pétersbourg y exerce une grande influence. Une armée de diplomates et d'agents russes de toute espèce, ayant un caractère plus ou moins avoué, circulent en Allemagne, dans toute l'Europe et y travaillent sourdement pour son compte. Ils sont bien informés, mêlés à toutes les intrigues. L'or n'est pas épargné et partout il joue le rôle principal, car tous les moyens sont bons à la Russie pour arriver à ses fins; elle sait les employer habilement.

L'influence de la Russie n'est pas moins grande en

Hongrie et dans tous les pays d'origine slave. Des rapports de race et de langue ont fait naître l'idée *panslaviste*; l'idée de réunir tous les peuples de cette origine, dans une espèce d'empire ou de confédération slave, dont l'empereur de Russie serait déclaré le chef. Il fut un moment où cette pensée se propagea d'une manière singulière et donna beaucoup d'inquiétude à l'Allemagne. Elle fit peu de progrès dans la Pologne russe, à cause de la haine séculaire des Polonais et du peu de confiance que la Russie leur inspire, et enfin à cause de leur espoir inébranlable de reconquérir un jour la patrie indépendante ; mais cette opinion trouva de nombreux prosélytes dans la Pologne autrichienne et dans la Pologne prussienne, où les Russes sont moins détestés que les Allemands. Le deuxième fils de l'empereur Nicolas, le grand-duc Constantin, auquel on attribue généralement beaucoup d'ambition et d'énergie, est regardé parmi les slaves comme le chef et le protecteur de ce parti, qui a de très-vastes ramifications dans l'intérieur même de la Russie et parmi les personnages qui vivent dans l'intimité de l'empereur.

La Russie a donc su se créer de longue main des moyens d'action dans tous les pays. Elle a ses partisans aussi bien en France qu'en Angleterre; ils se dissimulent, à la vérité, mais ils n'en sont que plus dangereux. Sa diplomatie est la plus habile et la plus rusée de l'Europe;

elle achète les consciences, caressant les uns, menaçant les autres, éblouissant tout le monde. Sa persévérance est infatigable ; quand elle s'aperçoit des difficultés d'une entreprise, elle sait les tourner, ou si elle paraît quelquefois renoncer à ses desseins, elle les reprend plus tard avec plus d'énergie dans l'exécution. La Russie est patiente ; elle compte sur la mollesse, sur le découragement, sur le temps, sur les événements imprévus, sur ses intrigues toujours ourdies avec un art perfide et inimitable.

Dans aucun pays du monde on ne s'entend mieux qu'en Russie à séduire les étrangers, à leur faire voir et à leur faire croire *ce qui n'existe pas*, à ce point que la plupart des hommes vraiment sérieux qui en reviennent ont l'esprit obsédé d'une idée exagérée de sa puissance. Tous les Russes excellent dans l'art d'éblouir. Ils sont parvenus peu à peu à donner une si haute opinion des ressources financières de la Russie et de ses innombrables armées, que l'Europe considérait naguère avec effroi l'éventualité d'une lutte quelconque avec elle.

Sans doute la Russie est forte et puissante; c'est une évidence à laquelle il faut se rendre, et nous sommes les premiers à la reconnaître. Nous prétendons seulement que sa puissance actuelle, qui pourrait devenir un jour irrésistible, si l'Europe n'y mettait ordre, n'a pas eu le temps nécessaire de se développer, pour arriver à son apogée, et qu'elle présente encore des côtés faibles.

Adossée à ses glaces du Nord et attaquée chez elle, comme en 1812, elle peut résister aux meilleures troupes de l'Europe réunie, qui succomberaient à la peine, dévorées par le froid et la faim. Attaquée dans ses possessions de la mer Noire, en Crimée, en Bessarabie ou au Caucase, elle peut éprouver des pertes matérielles très-sensibles ; ses ports, ses vaisseaux, ses arsenaux maritimes peuvent être détruits ; mais ce ne sera qu'une ruine passagère, facile à réparer, avec du temps, de la patience et de l'argent, et un ajournement forcé de ses vues ambitieuses de domination universelle. Pour réduire véritablement la Russie, pour la frapper au cœur de manière à lui faire perdre tous ses moyens d'agression contre l'Europe, il faut l'attaquer en Pologne et pas ailleurs. C'est *le seul côté vulnérable* de cette puissance.

De graves considérations ont empêché les puissances occidentales de toucher d'une façon quelconque à la question vitale de la Pologne, pendant cette première campagne de 1854. Elles devaient ménager les susceptibilités ombrageuses de la Prusse et de l'Autriche. D'un autre côté, il aurait fallu avouer nécessairement la pensée d'un remaniement territorial de l'Europe, et la lutte prenait dès lors le caractère d'une guerre européenne. Elles espéraient aussi que la Russie se laisserait intimider et abdiquerait ses prétentions sur la Turquie, quand elle verrait les puissances alliées bien décidées à lui tenir tête.

L'expérience acquise suffit pour démontrer qu'il faut se servir d'autres armes plus vigoureuses et plus efficaces pour dominer les avidités ambitieuses de l'empereur Nicolas. Au lieu de fléchir, il persiste, et malgré les désastres de son armée sur le Danube et en Crimée, il est plus arrogant que jamais.

La France et l'Angleterre ne sauraient donc hésiter plus longtemps! L'année prochaine, au lieu de borner la guerre aux environs de la mer Noire, qu'elles la transportent en Pologne. Sur ce terrain la Russie succombe, l'avenir et le repos du monde sont assurés; la guerre devient moins longue et moins pénible, et le succès infaillible. Ailleurs, vous blessez seulement et vous irritez le monstre; en Pologne, vous l'écrasez; si vous ôtez la Pologne à la Russie, vous la sapez dans ses fondements, vous limitez sa puissance; vous la refoulez dans ses anciennes frontières, qu'on n'aurait jamais dû lui laisser franchir! Elle perd avec la Pologne son prestige et son influence en Europe; elle redevient puissance asiatique; elle est rendue à sa véritable mission dans ce monde.

La restauration de la Pologne est une nécessité de notre époque. C'est une arme terrible contre la Russie, entre les mains des puissances occidentales. Il faut l'employer, et cette nécessité paraît claire, logique, éclate à tous les yeux. L'avantage d'un boulevard pareil contre la Russie est si évident pour l'Europe, que si la Pologne n'existait pas de fait, il faudrait l'inventer.

Les puissances occidentales rencontreront peut-être des difficultés pour faire réussir cette entreprise ; mais celles-là sont beaucoup moins grandes dans l'exécution que dans les négociations avec les puissances allemandes.

Examinons les intérêts de l'Europe dans cette question, et surtout ceux de l'Autriche et de la Prusse.

Si nous admettons pour la France et pour l'Angleterre la nécessité d'une restauration de la Pologne, comme moyen d'atteindre victorieusement la Russie et de détruire une fois pour toutes les entreprises ambitieuses de cette puissance, cette nécessité est encore plus claire et plus grande pour les puissances voisines de la Russie, le plus directement exposées à devenir un jour ses victimes. Qu'on ne se fasse pas d'illusion ! La puissance russe a pris depuis un siècle de si formidables proportions qu'elle épouvante l'esprit du penseur calme et de l'observateur impartial. Cela s'est fait peu à peu, sans bruit, sans effort retentissant, presque sans guerre. Que l'on compare la carte de la Russie d'il y a cent ans avec celle de la Russie actuelle ; qu'on mesure ses ressources, et ce froid examen montrera s'il n'y a pas de quoi frémir pour l'avenir du monde.

On pense généralement que l'Autriche s'opposera toujours à l'existence de la Pologne. C'est une erreur, comme beaucoup d'autres qui circulent au sujet de cette monarchie. Jadis, pendant son existence séculaire, la Pologne et l'Autriche eurent très-rarement des querelles à vider ; elles vécurent le plus souvent en bons rapports de voisinage et se rendirent des services réciproques. On se rappelle à Vienne le temps où le roi de Pologne, Jean Sobieski, sauva la monarchie autrichienne, et, avec elle, la chrétienté tout entière, de l'invasion des Ottomans. L'Autriche ne prêta qu'à contre-cœur la main au partage de la Pologne. Quand il fut résolu par les cours de Berlin et de Saint-Pétersbourg, l'impératrice Marie-Thérèse, pressée d'y prendre part, s'y opposa longtemps et ne s'y décida que quand elle fut bien convaincue de ne pouvoir l'empêcher à moins de déclarer la guerre à la Prusse et à la Russie. En signant cet acte, la seule tache honteuse de sa vie et de son règne, elle protesta hautement contre l'espèce de violence qu'on faisait subir à sa volonté et à sa conscience. Plus tard, l'impératrice Marie-Thérèse, ainsi que ses successeurs à la couronne, déclarèrent dans plusieurs circonstances que l'Autriche serait disposée à restituer sa part de la Pologne, pourvu que les deux autres puissances suivissent cet exemple.

La possession de la Gallicie par l'Autriche est une bien faible compensation de l'importance acquise par la Russie depuis ce malheureux partage et de son dangereux voisinage. Aussi longtemps que dura la triple alliance, il ne pouvait être question du rétablissement de la Pologne; néanmoins en 1830, lors de l'insurrection de la Pologne russe, le cabinet et la cour de Vienne ne dissimulèrent pas leurs sympathies en faveur des insurgés.

Aujourd'hui la triple alliance n'existe plus que de nom. La crise orientale a démasqué les vues ambitieuses de l'empereur Nicolas et montré à l'Autriche tous les dangers de sa position. Si la guerre n'a pas encore éclaté de ce côté, l'attitude hostile de l'Autriche l'a déjà bien assez compromise vis-à-vis de la Russie et ne lui permet plus de compter désormais sur de bonnes relations avec cette puissance. L'empereur Nicolas manifeste hautement des sentiments d'indignation et de vengeance contre l'*ingratitude autrichienne;* c'est ainsi qu'il stigmatise la politique actuelle du cabinet de Vienne, et les Russes en général partagent ce sentiment de leur souverain.

Il ne faut pas une grande perspicacité politique pour prévoir une rupture violente entre ces deux puissances. Pour parer à ce danger, ne serait-il pas prudent, de la part de l'Autriche, de faciliter, par tous les moyens dont elle dispose, la reconstruction d'une Pologne, qui lui servirait de barrière fortifiée contre les invasions du Nord? Aussi longtemps que la Gallicie sera sous la domination de l'Autriche, elle lui sera hostile. C'est une gêne et une cause de faiblesse; à la première guerre qui éclatera, cette province tombera au pouvoir des Russes, qui s'y préparent des amis et des partisans. La Gallicie en est remplie depuis 1846, époque des massacres qui firent frémir l'Europe. L'Autriche ne saurait sérieusement s'opposer à la cession volontaire de cette province, pour la restauration d'une Pologne qui serait son alliée naturelle et ne pourrait lui porter ombrage. Telle est aujourd'hui la position de l'Autriche, qu'en lui supposant les meilleures intentions pour les puissances occidentales, il lui serait impossible de s'engager dans leur alliance sans que le rétablissement de la Pologne fût bien décidé. A notre avis, le cabinet de Vienne y est plus intéressé que toute autre puissance de l'Europe; s'il hésite à proposer cette mesure, cela tient plutôt à la crainte d'agiter par cette question les autres parties de la monarchie, comme la Hongrie et l'Italie, qui réclament aussi pour leur nationalité, qu'à une répugnance réelle d'une restauration polonaise. Sans la Pologne, l'Autriche est à la merci de la Russie et ne peut lutter contre elle avec une chance quelconque de succès; au lieu que la Russie peut lui faire la guerre, quand elle le voudra, avec une certitude mathématique de triompher.

C'est là le secret de l'influence russe à Vienne, de la faiblesse et de toutes les hésitations de l'Autriche depuis la crise orientale. D'un autre côté, elle espère que l'Europe la laissera maîtresse des provinces danubiennes qu'elle occupe déjà, pour l'indemniser de la perte de ses possessions polonaises, si la restauration de la Pologne était bien dans les vues des puissances alliées. La Turquie pourrait être indemnisée à son tour, d'autant plus facilement que la Pologne est aussi bien une nécessité pour elle-même que pour tout le monde, et que la souveraineté de la Turquie sur les provinces du Danube se réduit seulement à une somme peu importante, versée chaque année dans le trésor du sultan.

L'empereur François-Joseph est un homme d'un grand cœur et d'un esprit supérieur : quand viendra pour lui le moment de se prononcer sur la question polonaise, espérons qu'il comprendra les intérêts de sa couronne, avec la sagacité dont il a déjà donné des preuves si nombreuses.

L'indécision de l'Autriche à se prononcer en faveur de l'Occident a aussi pour cause l'attitude actuelle, si menaçante, de la Russie vis-à-vis d'elle. Deux armées nombreuses sont en présence ; mais une seule défaite probable des Autrichiens suffirait pour conduire les Russes à Vienne, sans que la France et l'Angleterre fussent en mesure de secourir cette capitale ; la Prusse se joindrait plutôt à la Russie pour écraser sa rivale, que de la défendre et de la sauver ; tandis que la Confédération germanique serait paralysée de son côté par le cabinet de Berlin, et se diviserait probablement en deux camps.

Quant à la Prusse, ses tendances et ses sympathies bien connues pour la Russie nous font croire qu'elle sera directement opposée au rétablissement de la Pologne. Nous ne saurions dissimuler ce sentiment, malgré notre profonde conviction que cette restauration serait un avantage et un gage de sécurité pour la monarchie prussienne, aussi bien que pour tout le reste de l'Europe.

La politique actuelle du cabinet de Berlin, est vraiment inconcevable. Voisine la plus proche de la Russie, en contact direct avec elle, c'est la Prusse qui, par sa position géographique, court les plus grands risques d'être attaquée un jour la première. Comme puissance de premier ordre, elle n'a pas de politique indépendante digne de son rang en Europe. On dirait qu'elle n'a pas la conscience de son importance ; elle se laisse traîner à la remorque de la Russie, dans une sujétion honteuse. La lutte actuelle des puissances alliées aurait dû être considérée par le cabinet de Berlin comme une bonne fortune inespérée ; elle lui procure l'occasion de s'affranchir, une fois pour toutes, de l'influence fatale du cabinet de Saint-Pétersbourg. Mieux conseillée, la Prusse, au lieu d'entraver l'action des puissances occidentales, rechercherait leur alliance avec empressement et reconnaissance.

Quelle serait donc la position de la Prusse, si la Russie s'emparait de Constantinople et s'y établissait d'une façon définitive? N'est-il pas clair que sa première entreprise qui suivrait ce triomphe, serait d'arrondir ses frontières, au détriment de la monarchie prussienne, en lui enlevant la Prusse orientale, jusqu'à l'embouchure de la Vistule, y compris le port de Dantzick et le grand-duché de Posen? Et par le fait, cette prétention des Russes, qui se traduit souvent dans leurs conversations, est parfaitement logique et très-bien justifiée, géographiquement et politiquement parlant; car la Vistule est la frontière naturelle de la Russie nouvelle.

Aussi l'opinion publique de la Prusse ne se laisse-t-elle pas entraîner par les sympathies russes de la cour et du cabinet de Berlin. Il en résulte une profonde agitation des esprits. Le roi se charge d'une grande responsabilité morale, en suivant cette politique anti-nationale aux yeux de ses peuples et de sa famille; il met en question tout l'avenir de sa monarchie. Ses liens de parenté avec l'empereur Nicolas ne sauraient lui servir d'excuse; un souverain doit éloigner toutes les considérations de cet ordre quand il s'agit des intérêts de son peuple.

En ce qui concerne les États secondaires de l'Allemagne, la restauration de la Pologne, qui ne les intéresse pas aussi directement, y trouverait sans doute plus de partisans que d'adversaires, ne fût-ce que par haine instinctive des Allemands contre la Russie et par la crainte que l'exemple du partage de la Pologne ne devienne contagieux un jour.

Quant à la Suède, cette restauration serait accueillie avec un profond sentiment de satisfaction publique dans toutes les classes de la population. La Pologne y a des amis fidèles et dévoués. La Suède, d'ailleurs, fut la première à souffrir des conséquences fatales de la chute de la Pologne; la Russie lui enleva aussitôt après la Finlande, sa plus belle province. En ce moment, l'opinion publique en Suède se prononce chaleureusement en faveur de l'Occident contre la Russie; l'espoir de rentrer en possession de la Finlande y contribue. Le jour où les puissances alliées se décideront à faire une guerre tout à fait décisive à la Russie et donneront des garanties positives de leur appui à la Suède contre les vengeances futures de cette puissance, elle sortira de sa neutralité pour entrer dans leur alliance, avec tous les moyens dont elle dispose.

Le concours de la Suède est fort important; elle possède une belle armée, bien exercée, bien disciplinée, ainsi qu'une superbe marine militaire; armée et marine feront parfaitement leur devoir, car elles sont animées du désir de venger d'anciens griefs, que ce brave pays n'a jamais oubliés. Le roi Oscar et toute la famille royale comprennent le sentiment national du pays et sauront en tirer parti quand le moment sera venu.

Nous avons essayé d'établir la nécessité politique du rétablissement de la Pologne. Sauf la Prusse, qui pourrait y opposer quelques difficultés, nous croyons être dans le vrai en disant que le monde entier y applaudirait; mais le mauvais vouloir du cabinet de Berlin ne saurait nous inquiéter. Quand la France et l'Angleterre, réunies à l'Autriche, auront prononcé le mot de *résurrection de la Pologne*, il faudra bien que la Prusse y donne son consentement.

Qu'il nous soit permis d'ajouter que, pour la France en particulier, c'est une obligation sacrée de se mettre à la tête des nations civilisées de l'Europe pour exécuter cette entreprise. La Pologne a toujours été l'amie fidèle, la sœur dévouée de la France. Pendant les guerres de l'Empire, le sang de ses enfants n'a été épargné sur aucun champ de bataille. A l'époque des revers de la France, les Polonais ont suivi sa fortune jusqu'au dernier moment; l'empereur Napoléon Ier les vit encore groupés autour de sa personne à Fontainebleau et à l'île d'Elbe. L'empereur Napoléon III, héritier du nom et de la couronne de son oncle, n'oubliera pas cette dette du sang contractée par la France impériale. Les malheurs de la Pologne eurent un long et douloureux retentissement dans tous les cœurs français. Ce sentiment public a survécu à tous les orages politiques de notre époque, si égoïste. Pour s'en convaincre, qu'on parcoure les communes, les villages et les chaumières de France, et l'on verra la sympathie qu'éveille cette grande cause du bon droit et de la justice.

La lutte actuelle n'est pas une guerre d'ambition ni de conquêtes; les puissances alliées l'ont déclaré solennellement. Elles ont pris les armes pour défendre le faible et l'opprimé, pour mettre un terme aux convoitises d'une nation à demi barbare qui, depuis un siècle, s'enrichit des dépouilles de ses voisins et menace l'Europe entière.

A ce titre, cette guerre sera un jour la plus morale et la plus populaire dans les annales du monde. Quelle reconnaissance n'inspirerait-elle pas aux générations qui nous suivront, si elle faisait renaître la Pologne de ses cendres? Quel immense et glorieux résultat pour couronner dignement l'alliance des puissances qui marchent à la tête de la civilisation du monde?

Nous n'avons pas la prétention ridicule de discuter dans cet écrit les moyens militaires à employer par les puissances alliées pour attaquer la Russie en Pologne, quand elles en auront pris la résolution; mais qu'il nous soit permis d'indiquer certaines mesures à prendre pour en hâter le succès.

La Pologne a été si souvent trompée dans ses espérances, qu'il est naturel de lui supposer aujourd'hui des sentiments de méfiance, justifiés par une rude et longue expérience. Pour couper court à toute hésitation et à toute incertitude, ce qu'il faudrait, c'est une déclaration des puissances qui proclamerait solennellement les droits de la Pologne à une existence indépendante et nationale, et

manifesterait la ferme résolution de ne poser les armes que le jour où cette cause aura triomphé.

Cette déclaration seule ferait lever la Pologne tout entière, comme un seul homme, et la rallierait autour de son vieux drapeau.

On sait que ce malheureux pays est entièrement désarmé depuis 1830 ; il serait donc indispensable de fournir, sur un point quelconque du territoire, des armes et des munitions de guerre, car les hommes de bonne volonté ne manqueront pas en Pologne; pour en faire des soldats, il suffit de les armer.

On verrait éclater la désertion des Polonais forcés de servir dans les armées russes. C'est au moins le tiers des forces militaires de la Russie. Officiers et soldats répondront à l'appel quand ils sauront qu'il s'agit de reconquérir la patrie polonaise. Les bataillons de l'empereur Nicolas seront livrés par ce seul fait à une confusion dont le monde n'a jamais eu le spectacle. Une campagne suffira pour refouler cette armée désorganisée au delà des anciennes frontières de la Russie, qu'il ne faudra pas franchir, afin de ne pas répéter, à un demi-siècle d'intervalle, la faute de 1812.

Quant à la Pologne, la tâche la plus difficile sera accomplie. Une fois reconstituée, cette patrie de vingt et un millions d'habitants, qui pendant soixante ans a souffert le martyre du Christ sur la croix acceptera avec reconnaissance, pour la gouverner, la dynastie indiquée par les puissances elles-mêmes.

Le monarque futur devra être un homme de talent et d'énergie ; sa besogne sera rude, dans un pays où il faudra tout créer à la fois, administration, finances, armée, car tout y a été impitoyablement et systématiquement désorganisé par la Russie ; aussi faudra-t-il un gouvernement militaire vigoureux. Que le roi soit libéral dans ses opinions et dans ses sentiments, c'est dans l'esprit du siècle, c'est aussi à désirer pour la Pologne ; mais avant tout, il faut qu'on le respecte et que personne ne doute de sa puissance.

Une autre mesure indispensable, c'est l'émancipation des paysans et des Israélites. L'opinion publique y est préparée depuis longtemps. L'introduction des lois françaises serait aussi vivement désirée et vivement réclamée par toutes les classes de la population.

En discutant l'hypothèse d'une restauration nous avons toujours voulu parler de la Pologne tout entière, d'une Pologne grande, forte et indépendante comme celle qui exisait avant le premier partage de 1772.

La Pologne, telle que nous la désirons, renferme toutes les conditions de vitalité qui en feraient un jour une puissance de premier ordre, sans que pour cela elle puisse devenir un danger pour ses voisins. Les provinces de l'ancienne Pologne russe, la Lithuanie, la Samogitie, la Russie blanche, la Volhynie, la Podolie et l'Ukraine sont Polonaises d'opinion, de sentiments et de nationalité, tout autant que Varsovie et ses environs. On ne peut les exclure de l'œuvre de réparation.

Ce n'est d'ailleurs qu'à cette condition que la restauration de la Pologne sera vraiment avantageuse pour l'Europe et surtout pour l'Allemagne; une Pologne de vingt et un millions de Polonais se trouverait assez forte et puissante pour servir de barrière, à l'Occident, contre les invasions de la Russie et pour protéger au besoin la Turquie. Une Pologne moins grande et moins puissante remplirait difficilement cette mission.

Cette esquisse serait incomplète si nous laissions de côté les chances qui attendent la Pologne, dans le cas où l'Europe ne se soucierait pas de rappeler ce pays à la vie, en lui restituant sa place séculaire dans le sein de la grande famille européenne; ou bien si elle ne songeait qu'à un simple remaniement du territoire polonais, sans restaurer la nationalité détruite.

Depuis la crise orientale, certains publicistes, discutant les moyens de réduire la puissance russe, ont proposé d'ôter les provinces polonaises à la Russie, pour les offrir à l'Autriche et à la Prusse, comme récompense de leur concours dans la ligue européenne. Ils se sont attachés à faire ressortir l'avantage pour les Polonais d'être Autrichiens ou Prussiens, plutôt que d'être Russes.

Cette idée a eu quelque retentissement en Allemagne. Pour notre compte, nous n'avons jamais cru à la possibilité d'une aussi étrange combinaison ; nous n'avons jamais pensé qu'elle pût mériter l'attention des cabinets de Paris et de Londres ; car ce serait peut-être le moyen unique de jeter tous les Polonais, en désespoir de cause, dans les bras de la Russie.

La Pologne est en ce moment silencieuse, calme et prudente. Elle attend avec une résignation stoïque les événements qui se préparent. Elle pressent, quoiqu'on ne le dise pas encore, qu'on aura besoin de mettre en jeu ses destinées. Il s'agit pour elle d'une restauration forcée de sa nationalité ; soit qu'elle vienne par le patronage des puissances occidentales et de l'Europe ; soit que cette restauration, ou au moins une grande amélioration de sa position, lui arrive de la Russie elle-même, obligée de se défendre contre l'Europe et surtout contre l'Autriche, dont les possessions sont peuplées en majorité par des Polonais et des Slaves.

Le choix de la Pologne est facile. Si les puissances occidentales lui tendent loyalement la main et lui donnent des garanties positives de leurs bienveillantes intentions pour son avenir, elle se lèvera contre la Russie avec tout le dévouement enthousiaste dont elle a donné tant de preuves. Mais si la Pologne devait être abandonnée par l'Europe dans un moment aussi favorable, pour réparer l'immense faute et l'immense injustice commise à son égard; si les puissances alliées ne voulaient pas comprendre la nécessité de sa reconstruction, nous le disons avec le sentiment d'une douloureuse conviction, la Pologne tout entière se fera russo-slave plutôt que de rester dans le *statu quo*, ou de changer de maîtres en passant d'un joug sous un autre.

Il est urgent pour tous les cabinets de se préparer à cette question. Elle est d'une importance majeure pour l'avenir du monde ; elle peut surprendre l'Europe au dépourvu et créer des embarras qui ajouteront une force immense à la Russie, et dont celle-ci saura profiter avec son habileté ordinaire.

Quelques développements sont nécessaires à cet égard.

La Pologne a des sentiments de haine et de rancune contre tous ses oppresseurs sans exception, qu'ils soient Russes, Prussiens ou Autrichiens; cependant il existe certaines nuances dans cette animosité : il faut les saisir et apprécier à leur juste valeur.

En général, les Polonais préfèrent la domination de la Russie à celle de la Prusse ou de l'Autriche. Ce n'est pas que le système du gouvernement soit meilleur, bien au contraire, il est odieux et tyrannique au possible; arbitraire et capricieux surtout, car il dépend en grande partie du caractère des individus. Si le général-gouverneur d'une province est un homme doux et civilisé, on prend son mal en patience ; si le contraire arrive, il n'est pas au monde d'administration qu'on pourrait comparer à celle-là, pour les vexations et les abus de toute espèce : celle des pachas en Turquie ne serait pas plus odieuse. Il faut tout souffrir : tout, c'est le mot ; car il n'y a aucun recours, ni aucune plainte possible contre le pouvoir exorbitant de ces généraux fonctionnaires. La liberté et la fortune de tout individu, si haut placé qu'il soit, leur sont livrées à discrétion, sans contrôle.

Mais la préférence des Polonais pour la domination russe tient à une foule de causes qui influent beaucoup sur les sentiments de la nation.

Il y a mille rapports entre Polonais et Russes. Même souche d'origine, de race, de langue, et très-souvent de mœurs, tandis que ces rapports n'existent pas avec les Prussiens ou avec les Autrichiens. On rencontre des Polonais liés d'amitié avec des Russes : c'est un phénomène, sans doute ; mais cela se voit, tandis que cela ne se voit jamais entre Polonais et Allemands. La civilisation russe est inférieure à celle de la Pologne : les Russes contractent les mœurs et les habitudes de ce dernier pays ; ils se *polonisent* en quelque sorte, et cela donne une espèce de supériorité aux Polonais et flatte leur amour-propre national. Dans la Pologne prussienne et dans la Pologne autrichienne, c'est au contraire l'élément allemand qui absorbe l'élément polonais, et rend par conséquent le joug plus insupportable, bien qu'il ne pèse pas autant en réalité sur les populations.

Il est incontestable que l'administration prussienne est celle des trois qui traite les Polonais avec le plus de douceur et d'humanité. Cependant, le grand-duché de Posen est rempli de partisans avoués d'une réunion à la Russie, à défaut d'une Pologne indépendante. La même tendance, très-prononcée, se fait remarquer dans toute la Pologne autrichienne.

La Pologne russe manifesta à toutes les époques des sentiments contraires, surtout depuis 1830, où commencèrent pour elle les calamités et les persécutions inouïes dans l'histoire moderne, qui aigrirent et révoltèrent davantage l'opinion publique. L'émigration polonaise entretint cet esprit d'hostilité générale contre la Russie, par ses écrits et par ses émissaires. Le caractère vindicatif de l'empereur Nicolas y contribua aussi : au lieu d'effacer, il en a envenimé le souvenir ; il a gouverné avec des moyens de terreur ; il s'est attaché à humilier dans toutes les circonstances le sentiment national ; à dénationaliser systématiquement et à *décatholiser* la Pologne. Celle-ci se résigna à toutes ces souffrances, avec un courage héroïque, en se fortifiant dans la haine de la Russie, jusqu'à l'époque des massacres de la Gallicie, en 1846, massacres ordonnés ou tolérés par le cabinet du prince de Metternich.

Dès ce moment l'opinion publique se tourna contre l'Autriche, avec une violence extraordinaire, dans toutes les parties de la Pologne, et fut moins hostile à la Russie. Les événements de 1848 n'apportèrent aucun changement à sa position ; aussi le découragement fut-il général quand on vit que la France républicaine, pas plus que la France monarchique, ne voulait rien entreprendre en sa faveur.

Le gouvernement russe se modéra un peu; les esprits se calmèrent davantage, et, sur ces entrefaites, l'idée russo-panslaviste surgit tout à coup, et fit de nombreux prosélytes en Gallicie et dans le grand-duché de Posen. Réunir toutes les parties de la Pologne sous la domination de la Russie, et suivre désormais une destinée commune, tel était le programme. La propagande se faisait très-activement avant la crise orientale ; elle se fait encore.

On résista à ce courant, dans la Pologne russe, par une sorte de foi religieuse dans la résurrection nationale; mais on ne saurait nier les avantages que produirait en Pologne une union fraternelle avec la Russie, soit pour améliorer sa position actuelle, soit pour exercer une action commune sur le *slavisme* en général, dans le cas surtout où elle serait contrainte à perdre tout espoir de restauration par l'occident de l'Europe.

La Pologne veut être libre, indépendante et polonaise avant tout ; d'un autre côté, elle n'a aucune chance de reconquérir toute seule sa nationalité détruite, et ne conserve plus aucune illusion sur ce point. Ses insurrections périodiques n'ont abouti qu'à faire resserrer davantage la main de fer qui pesait sur elle, et à ruiner le pays. Elle ne peut donc être relevée de sa chute que par le concours de l'Europe, ou au moins d'une grande puissance. Que de fois cependant elle a compté inutilement sur l'appui de l'Europe et de la France surtout! en 1794? en 1806? en 1807? en 1809? en 1812? en 1830 en 1848? Elle y compte encore en 1854. Sera-t-elle déçue une fois de plus dans ses espérances?

La Pologne a toujours ajouté une foi aveugle aux sympathies de la France, qui, en effet, ne lui manquèrent jamais, et se produisirent sous toutes les formes. En 1830 le public fit chanter *la Varsovienne* sur tous les théâtres de France; la garde nationale cria énergiquement, pendant ses revues, « vive la Pologne! mort aux Russes! » La Chambre des Députés vota chaque année un paragraphe sentimental, et entendit d'éloquents discours sur sa nationalité détruite. Pendant la république on exploita les sympathies pour la cause polonaise, afin d'organiser l'émeute du 15 mai; on entraînait le peuple contre l'Assemblée, aux cris de vive la Pologne.

Peu à peu ces manifestations si vives, si expansives et si bruyantes diminuèrent, et les Polonais, passés de mode, devinrent comme les parias du xixe siècle. On les appela *brouillons, rouges* et *révolutionnaires,* en les accusant d'avoir fait le 15 mai à Paris et mis le feu aux quatre coins de l'Europe. Ces calomnies furent propagées par les oppresseurs de la Pologne, afin de la tuer moralement en Europe et d'étouffer tout sentiment de pitié en sa faveur.

L'histoire doit faire justice de ces mensonges.

Les émigrés polonais se sont toujours bien conduits, depuis qu'ils sont en France. Ils ne se sont jamais mêlés des troubles qui l'ont agitée ; on ne les a vus ni dans les émeutes ni sur les barricades, pas même dans la journée du 15 mai, où les factieux prirent le nom de la Pologne pour prétexte de leur attentat contre la Chambre des Représentants. C'est la plus exacte vérité, malgré tout ce qu'on a dit et répété, pour en imposer au public. Le gouvernement français et la police de la ville de Paris savent parfaitement à quoi s'en tenir là-dessus. Aussi, les émigrés polonais n'ont-ils jamais été tourmentés en France, sous aucun régime, parce qu'ils n'ont jamais trahi les lois de l'hospitalité que la France leur a généreusement accordée. Toutefois nous devons avouer leur participation dans les luttes de Berlin, de Vienne, de la Hongrie et de l'Italie. Mais leur conduite ne s'explique-t-elle pas vis-à-vis des gouvernements qui ont partagé leur patrie et avec lesquels la Pologne est toujours censée être en état de guerre légitime, aussi longtemps que ses fers ne seront pas tombés ?

Les détracteurs de la Pologne font grand bruit en Europe des dissensions qui existent parmi les émigrés, et se prévalent de ce fait, comme d'un argument contre la restauration de ce royaume. Il existe en effet dans l'émigration polonaise des partis qui engagent des discussions souvent oiseuses et inutiles; cela prouve seulement que les Polonais n'ont pas su éviter les inconvénients de toutes les émigrations quand elles sont nombreuses. Tout en blâmant ces pitoyables dissensions, envenimées par les souffrances de l'exil, nous ajouterons que le mal n'est pas considérable, car elles n'ont pas de retentissement en Pologne même, où les partis n'existent plus, sauf le parti national, qui vise à la délivrance de la patrie, sans s'occuper d'autre chose.

Au reste, il faut rendre à l'émigration polonaise la justice de reconnaître qu'elle a rendu d'immenses services, en ranimant l'esprit public de son pays, en faisant connaître celui-ci en Europe, en rectifiant les fausses idées qu'on s'y faisait sur son compte, en dévoilant enfin les vues ambitieuses de la Russie, dont on paraissait douter quelquefois. L'émigration a été sans aucun doute, depuis 1830, le foyer de la nationalité polonaise, et à ce titre, elle aura une belle page dans les annales de la patrie. Nous ne doutons pas un seul instant que les émigrés polonais ne se réunissent tous dans une action commune, quand il s'agira d'une entreprise *sérieuse* en faveur de leur pays.

Depuis le commencement de la guerre actuelle, une grande partie de l'émigration polonaise, désirant se rendre utile, est constamment en instance auprès des puissances occidentales, pour la formation des légions polonaises. Rien n'a été obtenu jusqu'à présent; on refuse à ces enfants errants et proscrits de la Pologne la faveur d'aller se faire tuer sur un champ de bataille quelconque, dans les rangs des alliés.

Nous savons aussi d'une source très-positive qu'il se présente beaucoup de déserteurs en Crimée. L'armée russe, qu'on ne l'oublie pas, est composée d'un tiers au moins de Polonais, qui déserteraient en masse, s'il y avait dans le camp des alliés un drapeau polonais et des cadres préparés pour les enrégimenter. Personne ne peut ignorer qu'à l'époque des guerres de l'Empire, les légions polonaises, en France et en Italie, se sont formées de la même manière. C'est pourtant un précédent historique qui n'avait pas trop mal réussi. A l'heure qu'il est, il n'y a ni cadres ni drapeau. Les Russes en profitent pour empêcher une désertion générale, qu'ils redoutent au plus haut point; ils publient que les alliés emploient les déserteurs aux plus vils travaux, et qu'à l'époque où la paix sera conclue, ils seront livrés sans exception à la vengeance de l'empereur de Russie.

Tout récemment, un jeune officier polonais se défendit en désespéré et n'en fut pas moins fait prisonnier par les

alliés. Quand on sut qu'il était Polonais, on s'étonna qu'il eût combattu ainsi en faveur des Russes. « Et pourquoi, « répondit-il, ne combattrais-je pas contre vous ? Avez-« vous fait jamais autre chose pour mon pays que de « l'abandonner, quand vous pouviez le sauver ? » Nous citons cet épisode avec tristesse, pour donner une idée de la tendance décourageante de la jeune Pologne.

Que faut-il donc penser et augurer de la politique des puissances occidentales dans la question polonaise, quand les hommes les plus sérieux et les plus intelligents, ne pouvant plus se refuser à l'évidence des événements, se persuadent de jour en jour davantage que la Pologne est un levier indispensable dont il faut se servir à tout prix, pour triompher de la Russie ? Ne risque-t-on pas de lasser la patience d'une nation désespérée ? Ne craint-on pas que la Russie ne parvienne à l'éblouir et à l'entraîner ? que la Pologne ne dise « Il est trop tard » quand l'Europe se décidera enfin à s'occuper d'elle ?

Cette pénible incertitude agite tous les esprits de ce malheureux pays. On s'y efforce d'être calme, mais l'anxiété se fait jour partout, car on pressent que de toute manière les destinées de la Pologne vont se décider. Chacun se dit : « Aujourd'hui, ou jamais. Ou nous serons libres, « ou nous serons Russes ou Russo-Slaves, de bonne volonté. » C'est le dernier va-tout de la nationalité polonaise.

Quant à nous qui traçons ces lignes, nous espérons que la chance sera bonne, que la Pologne sortira vivante de son sépulcre. Puissions-nous la voir, grande et forte, rendre à l'Europe en sécurité ce que celle-ci lui aura donné en indépendance ! Que Dieu la préserve de la cruelle alternative de se faire Russe et de s'identifier aux destinées d'une puissance qui pèse si fatalement sur l'avenir du monde.

Cependant, l'Europe ne pourrait dans aucun cas accuser la Pologne d'*apostasie*, car celle-ci a fait tout ce qui dépendait d'elle pour échapper à de pareilles extrémités. Plus de soixante ans d'efforts surhumains, plusieurs générations détruites ou bravant la ruine, la misère, la proscription, la Sibérie et la mort ; n'est-ce pas assez pour prouver au monde qu'il est des excès de souffrances qui ne sauraient, même de la part d'une nation si ardente pour son indépendance, être ni dépassés, ni subis plus longtemps ?

A. W.

Paris, 29 novembre 1854.

www.ingramcontent.com/pod-product-compliance
Lightning Source LLC
Chambersburg PA
CBHW061005050426
42453CB00009B/1269